LA

CONSTITUTION

DOIT ÊTRE RÉFORMÉE,

OU

MON VOTE MOTIVÉ.

Par M. PAUL MAIGNE.

SOMMAIRE. — L'Intérêt préside à toutes nos actions. — Un État libre peut seul allier l'intérêt général à l'intérêt privé. — Violation de ce principe. — Contradiction des ART. 3, 4 et 17. — Pouvoir trop absolu. — Coup d'œil sur les ART. 21, 29, 36 et 57.

PARIS.

Mai. - 1815.

DE L'IMPRIMERIE D'ABEL LANOE,

RUE DE LA HARPE, N.° 78.

LA

CONSTITUTION

DOIT ÊTRE RÉFORMÉE.

———

L'INTÉRÊT de l'état est devenu arbitraire parmi nous : c'est un arsenal public., où chacun puise des armes pour faire triompher son intérêt privé ; et tandis qu'on devrait le considérer comme un tout indivisible et sacré qui doit rendre concentrique les efforts de tous les gens de bien, comme un talisman puissant et formidable que rien ne saurait altérer ou affaiblir, chacun le mutile et le dépèce pour l'assouplir à ses vues particulières. On met dans la même balance l'intérêt général et les honteuses spéculations de l'égoïsme. Telle action est aux yeux de tel individu ou vicieuse ou sublime, selon qu'elle lui est utile ou nuisible ; et il n'est que trop ordinaire de voir l'astuce et l'hypocrisie subtiliser la philantrophie dans les sombres détours de l'ambition.

Cependant, les mots de *liberté*, de *patriotisme* sont dans la bouche de tout le monde, et, j'aime à le croire, dans le cœur du plus grand nombre ; mais pourquoi faut-il que ce ne soit que des vertus de parade !

Le patriotisme, à le bien définir, et à le présenter pur et débarrassé de toute considération particulière, n'est autre chose que les efforts constamment dirigés vers le bonheur général, et le désir du plus grand bien de la nation. Les recherches qu'animent ce désir, et qui président à ces efforts, ne sont que ce même patriotisme mis en action.

Chacun, dans cette définition, croira y trouver le prototype de son opinion ; et si l'on compte dans ce moment, tant de gens opposés de vœux et de sentiment, c'est que beaucoup de personnes prennent pour l'amour du bien public, ce qui n'est que l'effet de l'instigation des intérêts personnels ou des haines particulières.

Ainsi, puisqu'il n'est que trop vrai que l'égoïsme est le levier puissant qui ébranle le cœur humain, puisque dans toutes ses recherches et dans toutes ses actions, la volonté de l'homme n'est déterminée que par des motifs d'intérêt privé, tout le problème consiste à trouver un contrat social qui puisse coordonner cet intérêt particulier à l'intérêt général, et par des combinaisons sages faire tourner au profit de chaque contractant, les efforts qui tendent à l'intérêt de tous ; autrement dit, d'incorporer l'intérêt des citoyens avec l'intérêt de la nation.

Mais qui pourra saisir cette secrète correspondance ? qui résoudra cet important problème, et quel heureux Archimède pourra s'écrier enfin : *Je l'ai trouvé !*

Nos révolutions semblaient être d'un secours bien puissant pour rendre nos recherches, je ne dirai pas fructueuses, mais infaillibles ; il ne s'agissait que d'ériger des faits en théorie, et de consacrer, par une bonne législation, les besoins que le peuple avait lui-même indiqués.

Instruit par les leçons tardives, mais toujours certaines de l'expérience, le peuple français saura profiter de l'école du malheur : il veut être libre et dépendant tout à-la-fois, remplir toutes les charges de sujet, et jouir en même temps des prérogatives de citoyen. Ses profondes blessures, ses crimes et ses remords, l'avertissent sans cesse que les fléaux les plus terribles de l'humanité sont l'anarchie et le despotisme.

Non, nous n'avons point entendu aliéner notre liberté : ce n'est point des maîtres que nous voulons ; car il n'est point de maîtres sans esclaves ; et cette seule idée déchaînerait sur toute la France les tempêtes révolutionnaires. La liberté ! ce cri s'échappe de la bouche de tous les vrais Français ; et en même temps qu'il assure notre gloire et notre prospérité nationale, il est le cri des funérailles pour tous ceux qui s'armeraient contre elle (1).

Mais la liberté, telle que je l'entends ici, n'est point cette désastreuse anarchie qui fit peser sur la France tous les excès dont nous déplorons

____

(1) Une liberté tempérée peut seule opérer cette fusion des deux intérêts. L'homme ne peut travailler avec sécurité à l'accroissement de ses richesses, qu'autant qu'il est à l'abri de l'arbitraire et du caprice.

encore les funestes ravages : l'imagination effrayée rejète avec horreur tout ce qui peut rappeler ces temps de fureur et de calamité, où l'on a vu si souvent le sang de l'innocence ennoblir l'échafaud !

C'est un terme moyen qu'il faut à la France ; c'est un équilibre entre le despotisme et l'anarchie, une assiette ferme et inébranlable entre les désordres d'un gouvernement trop populaire et l'abrutissement de l'esclavage.

Que l'on songe à l'activité subite qu'imprima sur la France l'espoir de la liberté ; que l'on se rappele le bien momentané qu'il fit sur le peuple en délire, et l'on pourra apprécier combien son empire serait salutaire et puissant si l'on pouvait en modérer les écarts. O quelle immense conquête de gloire aurait immortalisé la nation, si la frénésie et l'extravagance n'avaient métamorphosé en sanglantes saturnales l'élan d'un peuple qui marqua son réveil par des époques sublimes!

Mais aujourd'hui, serait-ce être imprudent que de briser nos fers? Ne craindrait-on pas de provoquer les mêmes travers? Et ne serait-ce pas renouveler les terribles convulsions dont nous respirons à peine ?

Non, l'expérience nous a prodigué ses trésors ; la fougue s'est éteinte et a cédé tout son empire à la raison ; la morale a pénétré jusques dans les carrefours ; et le calcul, cet oracle infaillible qui ne s'égare jamais, préside à toutes nos combinaisons. C'est dans l'abus outré que nous avons fait de la liberté que nous puiserons désormais des principes sains et utiles.

Sous le gouvernement de Louis XVIII, la France était blessée dans ses plus chers intérêts : une constitution obscure, remplie de lacunes et d'expressions équivoques, laissait à l'arbitraire un effroyable empire : nous étions sur le point de devenir vassaux et tributaires.

Quelques hommes voulurent entreprendre contre le foyer des lumières, la flamme les a dévorés.

A peine Napoléon eut touché le continent que soudain il est transporté sur son trône. Chacun a cru trouver en lui un homme corrigé de ses erreurs ; chacun, dans la situation douce où le mettait l'espoir d'un bonheur certain, attendait cette constitution qui devait poser les fondemens indestructibles du bonheur de tous. Mais notre joie ne serait-elle que passagère ? et les maximes de philantropie qu'a proférées la bouche du grand homme, ne seraient-elles que semblables à ces feux folets qui égarent le voyageur incertain ?

Eh quoi ! malgré tous nos efforts pour que tout ce qui est entaché d'imperfections se métamorphose et s'épure ; malgré les exemples effrayans que nous avons donnés aux rois, et à l'univers, on veut sans cesse nous ramener aux idées basses et rétrécies des siècles de l'ignorance; et au lieu de cette indépendance, objet de tous nos vœux, on nous rapporte des chaînes, et des chaînes d'autant plus hideuses que nous avons espéré d'être libres. Tous nos maux nous viennent d'un pouvoir trop absolu; et c'est dans le moment même où nous sommes à peine convalescens des déchiremens qu'il nous a faits, que l'on vient recreuser la source de nos calamités ! …

Sans doute, l'Empereur est imbu des vrais principes du bonheur des peuples ; sans doute, il occupe ses veilles à de saintes méditations sur l'intérêt de la nation ; il a effacé les Alexandre et les César, il veut surpasser les Auguste et les Titus ; il a été le vaillant Romulus, il veut devenir le sage Numa. Mais ne l'abuserait-on pas, ne conspirerait-on pas sa perte ? Ah ! qu'il jette les yeux sur le peuple, qu'il voie par lui-même ; c'est la véritable pierre de touche qui lui fera distinguer l'or pur de l'alliage de la perfidie.

La Constitution que l'on vient de nous donner est un fantôme, un vain formulaire, une traduction des abus de nos constitutions précédentes ; et si j'osais me servir d'une expression bien triviale, mais bien significative, c'est en quelque sorte *un vieil habit retourné.*

Pour apprécier sa juste valeur, il faut la considérer sous un prince méchant, car sous un prince parfait elle devient inutile, et examiner, sous ce point de vue, si les pouvoirs y sont tellement en équilibre, que le peuple n'ait plus à redouter la perversité de ses souverains.

L'Art. 3 porte : La première Chambre, nommée Chambre des Pairs, est héréditaire.

L'Art. 4 : L'Empereur en nomme les membres, etc. etc. Leur nombre est illimité.

L'Art. 17 : La qualité de Pair est compatible avec toute fonction publique.

Comment concilier les motifs de toutes ces dispositions ?

On demande d'abord ce que c'est que la Chambre des Pairs, et quel est son but ?

La question pourrait ainsi se résoudre : c'est l'intermédiaire du prince et de la nation ; c'est un corps établi pour adoucir les communications de l'état et du souverain ; c'est une sentinelle qui veille sur l'intérêt du peuple, et qui, par cela même, sert de contrepoids à la tendance au despotisme.

Maintenant, que l'on suppose un instant que la Chambre des Pairs soit composée de ces hommes vils et corrompus, qui brulèrent toujours l'encens de la palinodie sur l'autel de la bassesse ; de ces âmes cadavéreuses, qui, toujours prosternées aux pieds de l'autorité, ne sont capables que d'intentions perfides : dès cet instant la balance est rompue, le souverain est le maître : les mandataires de la nation font de coupables concessions à ses caprices, et il se trouve, par le fait, cumuler le pouvoir exécutif et le pouvoir législatif: de là le plus humiliant despotisme.

Pour remédier à ces inconvéniens, il fallait rendre les Pairs indépendans; il fallait en quelque sorte les expulser de l'intérêt du commun de la nation, les neutraliser en assouvissant leurs passions, et en même temps les placer hors des atteintes du Prince, afin que la force ni la crainte n'influassent point sur leur conduite.

Déclarer que les Pairs étaient héréditaires, c'était remplir abondamment ce double but ; et il est bien étrange que l'on veuille nous faire accroire qu'une autorité dont la mort seule peut dépouiller un individu, puisse acquérir plus de force dans l'exercice de ses facultés , parce que ses descendans en seront investis !

Sans doute, l'art. 3 consacre une grande erreur, puisque l'hérédité des Pairs fait naître mille inconvéniens et n'a pas de but utile ; une grande injustice , en ce que la première magistrature de l'état devient le patrimoine de quelques-uns. Mais ce n'est pas là la question que je me propose d'examiner : tout le monde souscrirait à ce

sacrifice, dans l'espoir d'un bien ; mais il est purement gratuit, purement illusoire, et les dispositions subséquentes le rendent vain et stérile.

En effet, pourquoi les Pairs sont-ils élus par
l'Empereur ? Pourquoi leur nombre est-il illimité ? Et, ce qui est bien plus révoltant, pourquoi sont-ils admissibles aux autres emplois ?

Il faut convenir que ce sont-là de véritables
tours de gobelet !

1.º Le premier vice vient de ce que les Pairs
sont, je ne dirai pas héréditaires, mais même in-
définiment inamovibles. Les Pairs étant les con-
tradicteurs légitimes du Souverain, il importait
essentiellement de les mettre à l'abri de ses coups.
Mais, ne sont-ils pas aussi les mandataires du
peuple ? et ne doit-on pas laisser au peuple le
droit de punir des mandataires infidèles ? Qui
nous assurera que les Pairs seront toujours di-
gnes de leur institution ? qui nous assurera de la
loyauté de leur conduite ? Eh quoi ! ceux que
nous présumons trop faibles pour lutter contre
la volonté opiniâtre d'un seul, nous en faisons
nos maîtres ! et des maîtres qui pourront nous
trahir impunément, puisque nous aliénons le

droit de les punir ! Sans que foi ni sermens les retiennent, ils pourront insolemment, couverts de la livrée de l'opulence, nous rendre malheureux et insulter à notre misère, puisqu'on les affranchit de toute crainte ! Une ressource seule nous est ouverte pour parer ce grave inconvénient; c'est de rendre les Pairs indépendans du Souverain, et de les soumettre en même tems à la férule du Peuple qui pourra les accuser par l'organe de la Chambre des Communes.

Cette restriction n'atténue point l'indépendance des Pairs, et elle effraie par l'aspect du châtiment ceux qui seraient agités par des intentions coupables. Et nous prétendons bien que la responsabilité des Ministres est une stipulation essentielle de notre constitution, pourquoi n'aurions-nous pas la même défiance pour nos Pairs ? Leurs fonctions sont-elles tellement oiseuses, que nous ne devions nous prémunir de toute espèce de précautions ?

2.º L'Empereur, en se réservant le droit de nommer les Pairs, et en rendant leur nombre illimité, s'arroge un pouvoir qui altère toutes les mesures que l'on pourrait prendre.

En effet, premièrement : cette Chambre où repose toute la confiance du peuple, tout son espoir et toute sa sécurité, ne peut-elle pas être remplie de personnages que l'opinion réprouve et qui suscitent la méfiance ? l'Empereur ne peut-il pas en faire le réceptacle d'un amas de gens tellement faibles, ou si éminemment vils, qu'il ne trouve en eux que de lâches complaisans ou des troupeaux d'ignorans toujours prêts à sanctionner ses projets ? Et n'était-il pas plus raisonnable de penser que la Chambre des Pairs étant toute entière dans l'intérêt du peuple, devait être nommée par lui ? Il y élèverait des gens que l'intégrité, l'expérience et les lumières rendent recommandables, et il pourrait se reposer sur eux, dans la plus entière sécurité, des hautes fonctions confiées à leur sagesse.

Secondement : *Le nombre des Pairs est indéfini.* A quoi bon cette disposition ? N'est-ce pas encore à côté du principe rapprocher le moyen de l'enfreindre ? Il n'est qu'une théorie anti-logique qui puisse chercher à justifier une pareille erreur. Elle ne consacre pas même une utilité apparente. Peut-être échappe-t-elle à mes organes trop grossiers ; mais je n'y découvre qu'une porte ouverte aux abus. Car, combinée avec la disposition précédente par laquelle l'Empereur s'est réservé le droit de nommer les Pairs, elle lui donne la faculté d'augmenter le nombre des mauvais, par conséquent, de noyer ceux qui soutiendraient avec courage l'intérêt de la nation, et de paraliser ainsi tout l'effet de leur intrépidité.

3.º Les Pairs sont admissibles à tous les autres emplois.

N'est – ce pas là le comble de la démence ? N'est-ce pas en même temps créer et détruire ? élever un édifice et saper ses fondemens ? Sans doute, l'article 3 altère essentiellement la substance de l'une des dispositions les plus utiles de notre charte; sans doute, il serait suffisant pour exciter les plus vives réclamations : mais l'article 17 n'est-il pas encore plus révoltant ? N'est-ce pas là subtiliser la bonne foi et abuser de la crédulité des peuples!

Eh quoi ! tandis que l'on consacre la plus grande de toutes les erreurs et la plus amère de toutes les injustices, pour étouffer chez les

Pairs la voix de leur intérêt , qu'on les déclare inamovibles et héréditaires , qu'on les détache en quelque sorte du reste de la nation pour s'assurer de leur impartialité , on vient , par un article ultérieur , empoisonner l'apparente sagesse de ces dispositions ! Sans doute, le mal est un bien quand il évite un plus grand mal ; mais, ici il ne fait que reproduire et empirer le mal. A-t-on pu penser que ceux que la pusillanimité et la crainte d'être précipités de leur chaise curule , rendraient esclaves du Souverain , seraient assez forts et assez intrépides pour braver les traits de l'ambition ? a-t-on pu penser que dès qu'on les suppose trop cupides pour sacrifier leur intérêt à celui de la nation , ils soient insensibles à l'appât des richesses ? que ceux qui craignent tellement de perdre , qu'ils en deviendraient vils , pourront résister à la soif des honneurs , des places et des pensions !

De deux choses l'une : ou les Pairs seront des lâches , ou ils seront remplis de courage.

Dans le premier cas, ils feront pour accroître leur fortune, ce qu'ils auraient fait pour la conserver.

Dans le second cas, il était inutile de les rendre inamovibles.

Quel est le sort réservé à un Paire honnête et vertueux qui voudra répondre à la confiance de la nation ? Sera-ce l'intimité du Prince ? seront-ce les décorations ? seront-ce les emplois lucratifs ? Non ; tout cela sera employé à salarier la bassesse et la complaisance de ceux qui n'auront d'autre volonté que celle du Souverain , et qui toujours bas et rampans , sauront lui immoler leur devoir. L'enthousiasme du bien public sera-t-il pour les premiers un dédommagement de la perte de tant de biens ? et la joie intérieure d'être utile aux autres , balancera-t-elle l'éclat séduisant de l'ambition ?

Ce serait être déraisonnable que de le supposer. Hélas ! nous ne sommes plus dans le siècle des Socrates ou des Catons.

On voit que les articles précités contiennent de grandes erreurs , consacrent des principes bien dangereux ; et se prêtent d'une manière effrayante à l'astuce et à la finesse du despotisme.

Dans l'hypothèse où ces dispositions seront maintenues , la nation n'aurait donc d'autre re-

fuge que la Chambre des Députés. Mais ce re-
fuge est-il bien assuré ? et ne s'est-on pas pré-
muni contre l'inflexibilité de ses membres? Non ,
la Chambre des Députés elle-même n'a pas échap-
pé à la prudence calculée des rédacteurs de la
constitution. Pourquoi l'Empereur s'est-il réservé le droit de nommer un Pair président à vie de
chaque collége électoral de département ? quel
avantage peut-il résulter de cette présidence ?
quel est son but utile ? Et ne doit-on pas crain-
dre qu'en choisissant un des Pairs, que la véna-
lité et la corruption auront rendu ses esclaves,
le Souverain n'exerce une influence coërcitive
dans les assemblées de département, et ne viole
la liberté des votes?

Mais , en se prêtant même à la supposition
que , forte de la probité et des lumières de ses
membres , la Chambre montrera le plus grand
acharnement et les résolutions les plus fermes
comme les plus intègres ; le Souverain ne s'est-
il pas réservé la bizarre faculté de la dissoudre ,
et par là de déchaîner toutes les passions sur le
peuple devenu faible et impuissant.

Ainsi , en réunissant la substance de tout ce

que je viens de dire, on voit qu'une liberté tempérée peut seule opérer la fusion de l'intérêt particulier avec l'intérêt général ; que cette liberté ne peut être que le fruit d'une stricte et rigoureuse compensation dans les pouvoirs ; que cette compensation se trouve blessée par des dispositions vicieuses et subtiles, et que dès lors le Prince n'a d'autre règle ni d'autre mesure que l'arbitraire et le caprice.

Il faudrait des volumes pour analiser toutes les imperfections dont fourmille l'acte additionnel, et pour désigner ses lacunes.

Que ne dirait-on pas sur la manière que l'on emploie pour *recruter des votes*, après avoir promis une discussion analitique ?

Que ne dirait-on pas sur le pouvoir exécutif que s'arroge exclusivement l'Empereur, sur le droit de déclarer la guerre et de faire la paix, qui lui demeure entièrement réservé. (1)

---

(1) J'ai vu trois brochures qui ont traité cette question, l'une par M. Barthole, l'autre par M. Nouvain, et la dernière par M. Grénier.

Sans doute , l'article 36 qui ordonne qu'aucun subside d'hommes ou d'argent, ne pourra être voté que par les Chambres, en ôtant au Souverain la faculté de se procurer un homme ou un écu , sans le consentement des représentans de la nation, pourrait nous offrir une garantie contre toute aggression injuste ou téméraire. Mais la guerre une fois déclarée, n'est-il pas des occasions favorables pour conclure des traités de paix avantageux ? et doit-on s'en rapporter aveuglément aux caprices et à la témérité d'un seul, qui souvent n'écoutant que la voix de ses passions et de son inexpérience, peut prolonger les malheurs de l'état. Les Chambres ne sont-elles pas alors réellement garotées , et ne sont-elles pas obligées d'adhérer à toutes ses mesures ?

Que ne dirait-on pas sur l'hérédité de la nouvelle noblesse ? sur cette hérédité qui n'a rien, à la vérité, de révoltant pour nous qui ne verrons que les véritables nobles , c'est-à-dire, ceux qui se sont élevés au-dessus des autres hommes par leur mérite et par des actions d'éclat ; mais, nos neveux ! ne veut-on pas les réduire à cet état d'abrutissement dont nous sortons à peine ! Et n'est-ce pas les rendre semblables aux Égyptiens ignorans et stupides chez qui la superstition élève des autels aux plantes les plus abjectes, aux animaux les plus immondes ?

Combien de justes réclamations n'éleverait-on pas enfin sur le droit indéfini de faire grâce, qui rend illusoire la responsabilité des Ministres ?

En terminant, je le répète encore, toutes ces précautions sont inutiles sous le règne de Napoléon ; il veut sceller du nom de pacificateur le titre glorieux de conquérant que lui a décerné l'admiration de l'univers ; il veut mettre le comble à sa gloire en achevant notre bonheur. Mais son immortalité doit-elle l'affranchir de la mort ? et le vainqueur des peuples ne doit-il pas être atteint par la faulx inexorable ? En léguant sa couronne à ses descendans, leur léguera-t-il aussi sa grandeur d'âme et sa magnanimité ? Hélas ! combien ces pensées sont tristes et lugubres ! mais la prudence les commande. Ne sait-on pas que Xerxès était fils du grand Darius, et que les Romains, forts et puissans sous les deux premiers Césars, furent sous tous les autres les plus vils des mortels.

On dit que la guerre est sur le point de faire entendre son effroyable tonnerre; ô mes concitoyens, étouffons nos haines, oublions nos ressentimens; refoulons dans leurs affreux climats les Cosaques du Don et tous les barbares enfans du Nord.

Ne souffrons pas que des Scytes grossiers viennent porter des mains sacriléges et profanes sur les sublimes institutions des modernes Athéniens; et espérons tout de là magnanimité du héros régénérateur, du monarque citoyen.

P. MAIGNE.